焚き火
と
フライパン
80
FRYPAN
CAMP
RECIPES
料理・写真・文
小林キユウ
山と溪谷社

　焚き火をしたいからキャンプに行くのか、キャンプに行くから焚き火をしたくなるのか──。どちらが先かは人それぞれだと思いますが、僕の場合は断然「焚き火がしたいから」が先にあります。そして、焚き火の炎を見つめていると今度は何かを焼きたくなってくるのは僕だけではないはずです。たとえば分厚い肉をジュージューと豪快に焼いてみたくなります。これはもう人類のDNAに刻まれた本能のようなものかもしれません。そんな時こそ、そうキャンプでこそ、フライパンの出番なのです。

　ぜひ躊躇なく炎にフライパンをかざして

思う存分焼いてください。ただ、フライパンは「焼く」だけの器具ではありません。「煮る」「炊く」「燻す」「蒸す」もちゃんとできます。もちろん本格的にやろうとするなら専用の器具にはかないませんが、キャンプレシピであれば十分な機能があります。

僕がフライパン料理を始めたのは高校生の時に行った八ヶ岳でのキャンプからです。最初に焚き火で焼いたのは自分で釣ったニジマスの塩焼きでした。薪で火を焚き始めたのは小学校6年生。信州の実家の風呂焚き当番がきっかけです。今思えば毎日風呂釜で焚き火の練習をしていたようなものでし

た。そして写真を始めたのは二十歳。独学から始め、プロとして独立して現在に至っています。長年やってきた「フライパン」「焚き火」「写真」の3つが合わさって、今回このレシピ本につながりました。

特に写真は料理カメラマンとして、下町グルメから三ツ星レストランまで一万数千皿にカメラを向けてきました。僕は料理のプロではないし、誰かに習ったわけでもありません。門前の小僧が習わぬまま作ったものですが、レンズを通して吸収したプロたちの技やエッセンスを僕なりにフライパンに全力投入しました。

八ヶ岳連峰。「焚き火とフライパン」に出会った場所

CONTENTS

SNACK & SMOKED

ESSAY

JUNK & RETORT FOOD

ESSAY

NOODLE, PASTA & RICE

OVEN COOKING

BREAKFAST & SWEETS

AFTER MEAL

EPILOGUE

[本書の使い方・注意点]

- 作り方の 🕒 は調理時間の目安をさします。米の浸水、調味料の漬け込みなど下準備時間は含みません。

- 作り方の弱火、強火、中火は目安です。焚き火の火加減については、P36を参照ください。

- 焚き火の火力は思いのほか強く、家庭のコンロとは違い火力調整も難しいため常に炎を注視し、調理中はフライパンから目を離さないようにしましょう。

- 火災の原因となるので焚き火の消火、薪の後始末にはキャンプ場施設等の指示に従い十分注意して行いましょう。防火用の水をポリタンなどに汲み置きしておきます。焚き火禁止エリアでの焚き火は厳禁です。

- 火傷防止のためフライパン調理時は革手袋などの使用がおすすめです。

- 本書の燻製調理、ホイル焼き、フォンデュ、オーブン調理には必ず鉄製など空焚きOKなフライパンをご使用ください。フッ素樹脂加工のフライパンを空焚きすると表面加工を傷めたり、有毒ガスを発生させたりすることがあります。

MEAT & FISH

№01

ローズマリー風味の
フランクフルト

ハーブの香りを焚き火で楽しむ

材料（1人分）

- □ フランクフルト … 4本
- □ ローズマリー … 5〜6本
- □ 白ワイン … 小さじ1
- □ サラダ油 … 適量

◉ ハーブはどっさり

ローズマリーの香りを最大限に引き出すためにふたをして蒸し焼きに。どっさり入れてほしい。多少焦げて煙が出ても気にしない。家のキッチンではできない調理方法なのだから。

作り方

1. フランクフルトに浅く切り目を入れる。

2. フライパンにサラダ油を中火で熱し、フランクフルトを軽く焼き色がつくまで焼く。

3. ローズマリーを下に敷き、白ワインを入れてふたをし、いい香りがするまで蒸し焼きにする。

🕐 10 min

№ 02

豚のキャンベルスープ

厚切り肉をコトコトと煮込んで

材料（1人分）

- □ 豚ロース肉（厚切り）… 1枚
- A | キャンベルスープ®
（クラムチャウダー味）… 100㎖
牛乳 … 100㎖
- □ 塩・こしょう … 各少々
- □ サラダ油・粗びきこしょう
… 各適量

◉ イメージは西海岸で

昔見た米映画にキャンベル缶を開けて焚き火で調理するシーンがあった。国内メーカーでなくやはりキャンベル缶にこだわりたい。西海岸の空気を感じて（行ったことはないが）。

作り方

1. 豚肉に塩、こしょうをふる。フライパンにサラダ油を中火で熱し、豚肉を入れて両面に軽く焼き色をつける。

2. A を加えてふたをし、弱火で10分ほど煮る。火が通ったらさっと混ぜて、粗びきこしょうをふる。

🕐 12 min

№ 03

和風タンドリーチキン

家でタレに漬け込んで、
あとは焼くだけ

材料（1人分）

- □ 鶏もも肉（から揚げ用）… 200〜250g
- A
  - プレーンヨーグルト … 大さじ2
  - めんつゆ（3倍濃縮タイプ）… 大さじ1
  - チューブにんにく・チューブしょうが … 各3㎝
  - カレー粉 … 小さじ½
- □ サラダ油 … 適量

◉ 油はねも豪快に楽しむ！

ヨーグルトに漬け込んでいるので、フライパンで焼くと豪快に油がはねる。家のキッチンでやったら大変だが、野外での焚火ならばそれもむしろ楽しめる。思い切り焼いてほしい。

作り方

1. ビニール袋にAを入れて軽くもみ混ぜ、鶏肉を入れてもみ30分以上おいて味をなじませる。

2. フライパンにサラダ油を中火で熱し、鶏肉を入れて両面こんがりと焼く。

［ 家でプロセス1を仕込めば現地で手間がはぶける。］ 🕐 12 min

[№]**04**

コンビーフエッグ

肉々しさを卵がやさしく包む

材料（1人分）

- □ **コンビーフ** … 1缶
- □ **卵** … 1個
- □ **こしょう** … 適量
- □ **サラダ油** … 適量
- □ **ケチャップ・マスタード** … 各適量

◉ **手で揉んで焼くだけ**

コンビーフと卵を入れた袋は手でよく
揉むのがポイント。あとは簡単！焼く
だけ。コンビーフの肉々しさを卵がや
さしく包み込む。失敗が少ないので、
焚き火初心者にもおすすめ。

作り方

1. ビニール袋にコンビーフ、卵、こしょうを
入れて手でもみほぐす。

2. フライパンにサラダ油を弱火で熱し、**1**
を平らに入れて両面じっくり焼く。

3. ケチャップ、マスタードをしぼる。

🕐 **10** min

[№]**05**

パンの肉野菜炒め

焼き肉のたれがパンを
ボリューミーなおかずに

材料（1人分）

- □ 食パン（6枚切り）… 1枚
- □ 豚こま切れ肉 … 70 g
- □ カット野菜（市販品）… ⅓袋
- □ チューブにんにく … 3 cm
- □ 焼き肉のたれ … 大さじ2
- □ サラダ油 … 適量

◉ 掟破りもフライパンゆえ

トーストだけではつまらない。「パンを
たれで炒める」という掟破りは、野外
のフライパンだから挑戦できる。主食
とおかずが同時に完成。もちろんフラ
イパンのまま速攻で食べてほしい。

作り方

1. 食パンをたき火であぶり、両面に軽く
   焼き色をつける。両面ににんにくを塗り、
   さいころ状に9等分に切る。

2. 豚肉を焼き肉のたれ大さじ1に10分ほ
   ど漬ける。

3. フライパンにサラダ油を強火で熱し、豚
   肉を焼き色がつくまで焼く。野菜を加え
   て炒め合わせ、火が通ったら食パン、焼
   き肉のたれ大さじ1を加えてさっと混ぜる。

🕐 **10** min

№06

ベーコンキャベツの
ホイル蒸し

キャベツの甘味をじんわりと引き出す

材料（1人分）

- □ キャベツ … 2〜3枚
- □ ベーコン … 2枚
- □ にんにく … 1片
- □ オリーブ油 … 適量
- □ 塩・粗びきこしょう … 各少々

◉ 玉手箱を開ける気持ちで

蒸し料理は素材本来の味を最も引き出してくれる。蒸し器がなくてもホイルを使えばキャンプサイトでも可能。完成したら、玉手箱を開けるような気持ちでホイルを開けてみて。

作り方

1. キャベツは大きくざく切りにする。ベーコンは長さを半分に切り、にんにくは薄切りにする。

2. フライパンにアルミホイルを敷き、キャベツ→ベーコン→キャベツ→ベーコンの順に重ねる。にんにくを散らしてオリーブ油をかけ、ホイルをしっかり包む。

3. フライパンを中火にかけ、キャベツが柔らかくなるまで蒸したら塩、粗びきこしょうで味を調える。

🕐 12 min

№07

ニジマスのレモンムニエル

釣った魚を丸ごとワイルドに焼く

材料（1人分）

- ニジマス（小）… 1尾
- レモンの薄切り … 1枚
- 塩・こしょう … 各少々
- 小麦粉 … 適量
- オリーブ油 … 適量
- バター … 10g
- ディル（あれば）… 1本

◉ 完成時をイメージして

魚を美しく焼くのは難しい。まずは完成時のイメージが大切。食べる時に上になる面から焼き始めれば、裏返すのは一度だけで済む。これだけで美しく焼ける確度はかなり上がる。

作り方

1. ニジマスは内臓とえらを取り除き、半分に切って水けを拭く。塩、こしょうをふって小麦粉をまぶし、腹に半月切りにしたレモンをはさむ。

2. フライパンにやや多めのオリーブ油を弱火で熱し、ニジマスを入れる。時々フライパンをゆすり、オイルが全体に回るようにしながら6割ほど火を通す。ひっくり返して、全体に火が通ったらバターを入れてディルを添える。

> 1で塩、こしょう、小麦粉をふる時、ビニール袋の中でするとラク。

🕐 12 min

№ 08

エビのガーリックソテー

にんにくが引き出すうまみを
残さず味わう

材料（1人分）

- □ 有頭エビ … 3〜4尾
- □ にんにく … 1片
- □ オリーブ油 … 適量
- □ 塩・こしょう … 各少々
- □ 白ワイン … 大さじ1
- □ パセリ（乾燥）・レモン
  … 各適量

◉ オイルはバゲットに

作りながら早々にお腹が鳴ってしまう
かもしれない。それほどにんにくの魅
惑の香りが辺りに漂う。オイルに海老
のうま味が染み出ているので、バゲッ
トにつけて食べてほしい。

作り方

1. にんにくは押しつぶす。エビは角を切り
水気を拭く。

2. フライパンにやや多めのオリーブ油とに
んにくを入れて弱火で熱し、香りが立っ
たらエビを両面焼く。食べる時に、上に
なる方から焼くと美しい。

3. エビに塩、こしょうをふり、白ワインを
ふり入れて水分をとばす。パセリをふり、
レモンを添える。

🕐 5 min

^{No} **09**

サケのちゃんちゃん焼き

焼けた味噌の香りを楽しんで

材料（1人分）

- □ 生鮭の切り身 … 1〜2切れ
- □ キャベツ … 1枚
- □ にんじん … ¼本
- □ ピーマン（あれば）… 1個
- □ もやし … ⅓袋
- A
  - 味噌 … 大さじ1
  - 砂糖 … 小さじ2
  - みりん … 大さじ½
  - しょうゆ … 小さじ1
- □ バター … 20g

作り方

1. キャベツはざく切りにする。にんじんは短冊切りにし、ピーマンは細切りにする。

2. フライパンにアルミホイルを敷いて1ともやしを入れ、半分に切った鮭をのせて混ぜたAをかける。アルミホイルを包み、弱火で10分ほど蒸し焼きにする。

3. 火が通ったら、バターをのせる。

🕐 **13** min

◉ 野外レンジ

ホイル焼きはキャンプの救世主。具材と調味料を包んで、フライパンの上で加熱するだけ。僕は「キャンプのレンジ」と呼んでいる。そのまま食べればフライパンさえ汚さない。

[№]**10**

屋台風イカ焼き

キャンプサイトに
魅惑の香りを漂わせて

材料（1人分）

- □ 生イカ … 1杯
- A
  - 酒・しょうゆ各 … 大さじ1
  - チューブしょうが … 3㎝
  - 豆板醤小さじ … ¼
- B
  - 酒・しょうゆ・砂糖
    - … 各大さじ½
- □ サラダ油 … 適量

◉ 屋台とキャンプの共通項

祭り屋台で圧倒的存在感で周囲に香り
を漂わせるイカ焼き。調理場が屋外と
いうのは屋台とキャンプ場との共通項。
キャンパーは屋台メニューに学ぶこと
は多いと思う。

作り方

1. イカは骨とワタを抜き取り、胴とゲソは洗って水気を拭く。

2. ビニール袋にAと1を入れて15分以上漬ける（家で漬けてからキャンプ場に持ち込むとラク）。焼く直前に表面に浅く数本切り込みを入れる。

3. フライパンにサラダ油を中火で熱し、イカを入れて両面に焼き色がつくまで焼く。途中で、よく混ぜたBをハケで何回か塗る。

🕐 8 min

№ 11

アサリの酒蒸し

アルミホイルで
うま味を一滴も逃さない

材料（1人分）

- □ **アサリ**（砂抜きしたもの）… 150g
- **A**
  - **酒** … 大さじ1
  - **しょうゆ** … 小さじ1
  - **チューブにんにく・チューブしょうが**
    … 各3cm
- □ **赤唐辛子の小口切り** … ½本分
- □ **万能ねぎの小口切り** … 適量

◉ 台湾屋台の味

台湾の屋台で食べた味を再現。現地では炭火で温められながら出てきたが、ここでは焚き火で加熱。アルミホイルに包んで焼けばあっという間にできあがる手軽さがいい。

作り方

1. フライパンにアルミホイルを敷き、アサリを入れる。混ぜた **A** をふり、赤唐辛子を散らす。

2. アルミホイルを軽く包んで口をとじ、弱火で数分加熱する。ぐつぐつして蒸気が出て、アサリの口が開いたら、万能ねぎをふる。

🕙 10 min

№ **12**

アクアパッツァ

鯛のアラを主役にすえて、
海の幸を楽しむ

材料（1人分）

- □ **鯛のアラ** … 1個
- □ **アサリ**（砂抜きしたもの）… 100g
- □ **ミニトマト** … 4個
- **A** │ **白ワイン**（または酒）・**水**
  … 各大さじ2
- □ **にんにく** … 1片
- □ **塩・オリーブ油・**
- □ **パセリのみじん切り** … 各適量

◉ 気分が揚がるビジュアル

このレシピは正直見た目が9割かもしれない。とりあえず映えます。やっぱりキャンプには気分を揚げてくれるビジュアルとインパクトが大切。でも味の方も決して裏切りません。

作り方

1. 鯛に熱湯をかけてくさみをとり、水気を拭き軽く塩をふる。ミニトマトは縦半分に切る。にんにくはみじん切りにする。

2. フライパンにオリーブ油を中火で熱し、鯛を切り口を下にして入れる。鯛のよい香りがしてきたら、にんにく、ミニトマト、アサリ、A を入れてふたをする。

3. アサリの口が開き、全体に火が通ったら、塩で味を調えてパセリをふる。

🕐 12 min

フライパンがあれば

フライパンのポテンシャルを知ると、
キャンプ料理の必須アイテムになるはず。
選び方も知っておこう。

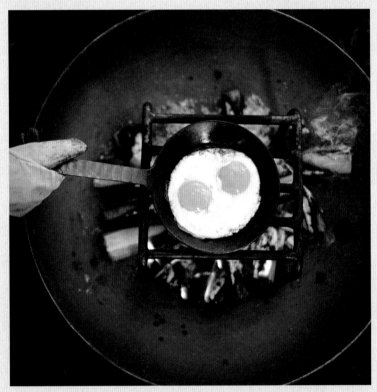

焼く、煮る、炊く、燻す、蒸すがフライパンひとつで

余熱も効いて温め直しもできる皿として

水場が限られているキャンプでは、なるべく洗い物を減らしたい。フライパンを使えばその課題はクリアできる。アウトドアでのフライパンは調理道具であると同時に、料理完成後は「余熱の効いたお皿」としても活躍。さらに冷めてきたら、それを再び火の上にかざせば温め直しもできる。せっかく街を飛び出してキャンプに行くのだから、日常の固定概念は捨てて、フライパンを自由に使いこなそう。実は「焼く」だけでなく「煮る」「炊く」「燻す」「蒸す」も得意。

焚き火の上にフライパンを置いたままアツアツをいただく。これぞキャンプの贅沢！

フライパンに似た道具としてスキレットがある。野外料理においてもすばらしいものだが、個人的にはフライパンの方が好き。フライパンは軽いし、ぶつけても割れない。スキレットは鋳鉄のため衝撃に弱く、運搬時などにぶつけると割れることがある。フライパンならどこにでも売っているし、なにより安い。僕が長年愛用しているフライパンは、20年以上前に3000円ほどで買った鉄製。ノーブランドだが使いやすい。最近買ったのはドイツ製「ターク」で100年は使えるというタフなやつ。キャンプ料理においてフライパン最強説を僕は信じている。

おすすめは小ぶり18cmの鉄製

ソロキャンプなら直径18cm前後が使いやすい。本書で使用しているフライパンもすべて同サイズ。1人用の皿としても使い勝手がいい。

焚き火で使用するフライパンの素材選びには注意が必要。火力が調整しにくいため過熱させたりすることも少なくない。タフな鉄製が向いている。フッ素樹脂加工でもOKだが、過度な加熱で表面加工を傷めたり、有毒ガスが発生したりすることがある。特に燻製、オーブン料理、ホイル包み焼き、フォンデュは空焚きするので、必ず鉄製など空焚き可能なフライパンを使用する。また、ふたは必須。純正でなくてもサイズの合ったものを探してほしい。平らなものよりドーム型の方がカサを稼げる。蒸し焼きや燻製時のほか、煮炊きの時も料理から灰をガードしてくれる。

鉄製は、使うほど味が出て育て甲斐がある。写真はドイツのメーカー「ターク」製

焚き火料理の火加減

じつに難しい焚き火料理の火加減。
自分の焚き火台の特徴や癖をつかもう。
火と向き合う。これがおもしろさでもある。

POINT 01

火とフライパンの距離で調節する

「火は小さく燃やす」が大前提。コントロールしやすく薪の節約になる。熱源としては小さい焚き火で十分な熱量が得られる。本書ではレシピに「弱火」「中火」「強火」と表記しているが、あくまで目安として経験を積んでもらうしかない。ちなみに2カップ（400ml）の水（20℃）が約4分半で沸騰するのが中火。これを基準にし、体感で覚えてほしい。無責任な言い方のようだが、同じ炎でも五徳の高低や輻射熱量で熱は変化するので、自分の焚き火台の特徴をつかむことが大切だ。火加減で手軽なのが、炎とフライパンの距離を物理的に調整する方法。「弱火」は炎から遠ざけ、「強火」にしたい時は近づける。僕は焚き火の「遠近法」と呼んでいる。

☑ 焚き火ハンガー

地面に突き刺した杭を支点に、ロストルの高さを自由に設定できるので便利。高さを変えずに水平に回転させることもできて素早く火から外すこともできる

☑ ロストル＆レンガ

弱火。レンガ4つを使い、うち2つを立てて使う

中火。レンガ4つを使い、すべて寝かせて使う

強火。レンガ2つを使い、すべて寝かせて火を近くに

焚き火料理に使う火は大きくなくていい。写真のような「チョロチョロ」が基本。しかしこれが一番難しい。ちなみに写真は炎の大きさ、熾火と炎の熱量から「弱火」相当

薪のくべ方でつくる強火、弱火

もう一つの方法が「分散集中法」。現状の焚き火の炎をもう少し弱くしたい時は燃えている薪の何本かを周囲に分散させる（間引く）。ただし、上手にやらないと炎全体が一気に消えてしまったりするので慣れが必要。逆に大きくしたい時は、炎中心部に薪を集中＋火吹き棒で吹くことで火力を復活させる。

焚き火に火吹き棒（上）と薪ばさみ（下）は必須。火力調整の強い味方になる

強火
薪の交点を一点に集中することによって火力を大きくする

弱火
薪の交点を減らすことによって火力を弱める

薪は一般的に針葉樹よりも広葉樹の方が火持ちがよくパワーがある。ただ針葉樹に比べると火付けに若干苦労する。樹種によらず乾燥したものを選びたい。僕は白樺が香りともに最高の薪だと思う。必須ではないが、手斧があれば焚付け材など小さい薪を作る時に便利だ

炎の状態がよく見えるように

火の粉が、サイト外へ飛び広がるのも防ぐ陣幕。テントサイトの目隠しにもなる

曇りの日や夕暮れ以降は問題ないが、天気のいい日中の焚き火は、日差しで炎が見えづらく火加減が難しいことがある。また熾火は燃えているのか消えているかも判断がつかない。そんな時はキャンプ用として「陣幕」の名称で販売されている幕で日陰を作るといい。防風にもなり火のコントロールもしやすくなる。もちろんリフレクターでもOK。風を防ぐだけで火は格段にコントロールしやすくなる。素材は難燃性のものを選ぼう。

VEGETABLE

№ 13

ズッキーニと
パプリカのソテー

ガーリックとこしょうを効かせて

材料（1人分）

- □ ズッキーニ … 1本
- □ パプリカ（赤・黄）… 各½個
- A しょうゆ … 小さじ1
  - オイスターソース … 小さじ½
  - チューブにんにく … 3㎝
- □ オリーブ油・粗びきこしょう
  … 各適量

◉ 色の三原色で味も決まる

料理カメラマン的な視点から言うと、料理は見た目も大切。食材も三原色CMYがそろうと安心する。見た目が決まるとたいがい味も決まるのだ。フライパンの黒も加わりCMYKで完成！

作り方

1. ズッキーニは厚さ1㎝の輪切りにし、パプリカはそれぞれ縦4等分に切る。

2. フライパンに強めの中火でオリーブ油を熱し、1をじっくり炒める。

3. 全体に焼き色がついたら、Aを加えてさっと炒め合わせ粗びきこしょうをふる。

🕐 7 min

№ 14

長いもの焦がし醤油焼き

醤油の香りを
キャンプサイトに漂わせて

材料（1人分）

- 長いも … 10cm
- A
  - 酒・しょうゆ … 各大さじ1
  - 砂糖 … 大さじ½
  - チューブしょうが・
  - チューブにんにく … 各4cm
- サラダ油・万能ねぎの小口切り
  … 各適量

◉ 野外キッチンだからこそ

思い切り焦がし醤油の香りを楽しむための
レシピ。油もかなりはねるが、こ
こは家のキッチンではないので気にせ
ず豪快にいってほしい。見た目は地味
だが間違いない安定の味。

作り方

1. 長いもは洗って水気を拭き、焚き火にかざしてひげを焼き切る。皮つきのまま縦に8〜10等分に切る。

2. ビニール袋にAと長いもを入れて軽くもみ混ぜ、10分ほど置く。

3. フライパンにサラダ油を中火で熱し、長いもを入れて転がしながら全体に焼き色がつくまで焼く。万能ねぎをふる。

🕐 8 min

№ 15

長いものお好み焼き

長いもを生地にして、
あっという間にいつもの味

材料（1人分）

- 長いも … 5〜6㎝

A ソース・マヨネーズ・青のり・
かつお節・紅しょうが
… 各適量

- サラダ油 … 各適量

◉ サクサク食感は本家超え？

キャンプで粉もの調理は水に溶いたり、
洗い物が増えたりとハードルが高い。
そんな時は長いもを生地にすれば問題
解決。ねっとり、サクサクの食感は本
家よりもおいしい気さえする。

作り方

1. 長いもは洗って水気を拭き、焚き火にか
   ざしてひげを焼き切る。1㎝の厚さの輪
   切り、または半月切りにする。

2. フライパンにサラダ油を中火で熱し、長
   いもを並べて両面に焼き色がつくまで焼
   きAをのせる。

🕐 10 min

№ 16

蒸し野菜の
チーズフォンデュ

にんにく入りチーズで
冷凍野菜もおいしく

材料（1人分）

- □ 冷凍カット洋野菜（市販品）… 150g
- A
  - ピザ用チーズ … 50g
  - 牛乳 … 50㎖
  - チューブにんにく … 3㎝
  - 塩・こしょう … 各少々
- B
  - 片栗粉 … 小さじ2
  - 水 … 少々
- □ サラダ油 … 適量

◉ 山で食べるのが正解！

チーズフォンデュは、山で食べるのが
似合う。野菜が焦げつきやすいので、
サラダ油の代わりにアルミホイルを敷
いても。牛乳やピザ用チーズを足して
適宜、粘度を調整する。

作り方

1. 冷凍野菜は自然解凍し、フライパンに入れる。水を深さ1㎝弱ほど入れてふたをし2分ほど蒸し焼きにして取り出す。

2. フライパンにサラダ油を弱火で熱し、小ぶりの耐熱容器にAを入れて真ん中に置く。チーズが溶けてきたら混ぜ合わせ、よく溶いたBを加えてとろみをつける。

3. 1の野菜を戻し入れて温め、竹串などでチーズをつけながら食べる。

🕐 15 min

^{No} **17**

キノコのにんにくソテー

ワイルドに旬の山の幸を
ざっくりと炒める

材料（1人分）

- □ **キノコ**
  （マイタケ、シメジ、エノキなど）
  … 180gくらい
- □ **にんにく** … 2片
- □ **オリーブ油** … 適量
- □ **塩・粗びきこしょう** … 各少々

◉ にんにくがいい仕事する

にんにくは焦らず炒めて香りを最大限
に引き出す。キノコを加えたら今度は
手早く一気に混ぜ合わせる。キノコは
火の通りがいいので、炒めすぎると
水っぽくなるので注意しよう。

作り方

1. キノコは食べやすく手でさき、にんにく
   は押しつぶす。

2. フライパンにオリーブ油とにんにくを入れ
   て弱火で熱し、香りが立ったらキノコを
   入れる。中火にして、焦げないようにとき
   どき箸で混ぜながら炒めて塩、粗びきこ
   しょうをふる。

🕐 8 min

[№]18

タコとビーンズの炒め物

箸でつまむか、スプーンか―。
変わる味わい

材料（1人分）

- 蒸しダコ … 100g
- ミックスビーンズ缶（小）… 1缶
- にんにく … 1〜2片
- オリーブ油 … 適量
- 塩、こしょう … 各少々

◉ タコと豆を同じ大きさに

タコは豆とほぼ同じ大きさに細かく
カットする。スプーンですくって、一
度に口に放り込むとそれぞれの持ち味
が主張してくる。ちびちび呑みたい時
はひとつずつ箸でつまんで。

作り方

1. タコは小さめのぶつ切りにし、にんにく
   は押しつぶす。

2. フライパンにオリーブ油を弱火で熱し、
   にんにくを炒める。香りが立ったら、タコ、
   ミックスビーンズの順に加えて炒める。

3. 塩、こしょうをふって炒め合わせる。

🕐 10 min

№ 19

長ねぎの真っ黒焼き

トロトロねぎの甘みが絶品

材料（1人分）

□ 長ねぎ … 1本

◉ 油なしでとにかく焦がす

油はひかず、ただただフライパンで
じっくり焦がす。中途半端な焦がし方
だと、ねっとりとした甘さにはならな
い。見た目とは裏腹に口に入れたとき
の上品な味わいに驚く。

作り方

1. 長ねぎはフライパンに入る長さに切り、
油をひかずにフライパンに並べる。

2. 中火で熱し、転がしながら全体に黒く焦
げるまで焼く。

3. 火から外して、端から押し出して食べる。
お好みで、みそやしょうゆ、マヨネーズ
を添えても。

［ 空焚き可能なフライパン
を使用する。 ］   🕐 7 min

№20

ねぎのバター醤油蒸し

酒の肴に。
しっとり居酒屋メニューで

材料（1人分）

- 長ねぎ … 1本
- バター … 10g
- しょうゆ … 適量

◉ 贅沢に「一本ねぎ」を

一般的な長ネギでももちろんOKだが、可能ならば下仁田ねぎなど、いわゆる「一本ねぎ」を贅沢に使ってほしい。熱を加えることで圧倒的な甘みを引き出す。今宵のキャンプも酒が進むぞ。

作り方

1. 長ねぎは4～5cmの長さに切る。

2. フライパンにアルミホイルを敷いて長ねぎをのせ、バターを中心においてしっかり包む。

3. 2を弱火で10分前後加熱したら、ホイルを開きしょうゆをかけて食べる。

> 空焚き可能なフライパンを使用する。ホイルの上から押してみて柔らかくなっていたら食べごろ

🕐 13 min

№ 21

にらたっぷりもつ鍋

更けゆく夜を楽しみつつ。
お酒と一緒に

材料（1人分）

- □ もつ（ボイル済）… 150g
- □ にら … ⅓束
- □ もやし … ½袋
- □ にんにく … 1片
- □ 水 … 300㎖
- □ 鍋の素（1人用）… 1個
- □ 赤唐辛子の小口切り … ½本分

◉ ド定番が絵になる

「深夜食堂」ならぬ「深夜キャンプ」の
お供にはやっぱり鍋がいい。鍋をつつ
き、薪をくべて酒を飲む。そんなソロ
キャンのシチュエーションには、ド定
番のもつ鍋がやっぱり絵になる。

作り方

1. にらは4㎝の長さに切り、にんにくは薄
   切りにする。

2. フライパンに水、もつ、もやし、鍋の素を
   入れてふたをし、弱火で15分ほど煮る。
   途中で水分が少なくなったら、水（分量
   外）を適量足す。

3. 1をのせて、赤唐辛子を散らす。

「鍋の素」は一人用ポー
ションを使うと便利。こ
こではとんこつしょうゆ
味を使用。

🕐 20 min

№ 22

エリンギの酒蒸し

料亭の味を焚き火の上で再現

材料（1人分）

□ **エリンギ**（中）… 1本
□ **酒** … 小さじ2

● **ペーパータオルを活用**

ペーパータオルで手軽に蒸し料理。これは撮影仕事で訪ねた高級料亭で覚えた技。お店では和紙を使っていたが、ペーパータオルでもおいしくできる。汎用性の高い料理法だ。

作り方

1. エリンギは縦に6～7㎜の厚さに切る。フライパンに油をひかずに並べ入れ、酒をふる。

2. ペーパータオルを2枚重ねて、水をたっぷりふくませてエリンギを覆う。弱火で3分ほど加熱して、フライパンの底面の水分をとばす。

3. しょうゆや柚子こしょうをつけて食べる。

🕐 5 min

2.

№ 23

キツネコロッケ

北国の屋台で出会った旅の味

材料（1人分）

- □ 油揚げ … 1枚
- □ ポテトサラダ（市販品）… 大さじ4
- □ サラダ油 … 適量

◉ 油揚げで衣のサクサクを

北海道は帯広の屋台で出会った味。油揚げを裏返すことでコロッケの衣を再現していることに感動した。具を作るのはさらに大変なのでポテサラを入れたのは僕のアレンジ。

作り方

1. 油揚げを横半分に切って裏返し、ポテトサラダを等分に詰めて楊枝で留める。

2. フライパンにサラダ油を弱火で熱し、1を入れて両面に軽く焼き色がつくまで焼く。

🕐 7 min

^{No}**24**

マッシュルームの
オイルフォンデュ

火の番をしながら、
ひとり呑みながら

材料（1人分）

- □ **マッシュルーム** … 1パック
- **A** **オリーブ油・塩** … 各適量
  にんにくの薄切り … 1片分
  赤唐辛子 … 1本

◉ オイルはパスタソースに

焦げめがついたマッシュルームから順
にオイルにつけて串でいただく。生で
も食べられるので焼きすぎないのが正
解。にんにくオイルは茹でたパスタに
かけると絶品なので試してほしい。

作り方

1. 小ぶりの耐熱容器にAを入れて、フライ
   パンの中心に置き中火で加熱する。ふ
   つふつしてきたら、熾火の遠火くらいの
   ごく弱火にする。

2. 耐熱容器の周りに、¼〜½に切ったマッ
   シュルームを入れる。マッシュルームに
   軽く焦げめがついたら、オイルにくぐらせ
   ながら食べる。

> オイルは加熱し過ぎると
> 発火、引火の危険がある
> ので目を離さないこと。

🕐 10 min

レアな焼き加減で食感を楽しんで

ベーコンとマッシュルームの
ピンチョス

材料（1人分）

- □ ベーコン … 4枚
- □ マッシュルーム … 4個
- □ にんにく … 1片
- □ オリーブ油 … 適量
- □ 粗びきこしょう … 適量

◉ ワイン片手にのんびりと

バルで愛されるピンチョスをキャンプにも。飲んべえは楊枝に刺して多めに下ごしらえをしておくといい。山の夜、グラス片手にピンチョスを焼き、薪をくべるのは至福の時間。

作り方

1. にんにくは押しつぶす。マッシュルームは軸を取り、ベーコンで巻いて楊枝で留める。

2. フライパンにオリーブ油、にんにくを入れて弱火で熱し、香りが立ったらマッシュルームを入れる。転がしながらベーコンに焼き色がつくまで焼き、粗びきこしょうをふる。

🕐 6 min

ミニトマトとベーコン串焼き

材料（1人分）

- ミニトマト … 9個
- ベーコン … 1と½枚
- オリーブ油・塩 … 各適量

◉ 串に刺して手軽なつまみ

キャンプであと一品ほしい時にぜひ気軽に作ってみてほしい。ベーコンと一緒に串に刺すことで手軽なつまみのたたずまいになる。トマトは焼くとぐっとうま味が増してくる。

作り方

1. ベーコン1枚は縦半分に切り、写真のようにジグザグになるようにミニトマトと串に刺す。

2. フライパンにオリーブ油を中火で熱し、1を並べ入れて両面に軽く焼き色がつくまで焼き、軽く塩をふる。

🕐 6 min

№ 27–37

SNACK &
SMOKED

№27

板かまぼこの燻製

［ こしょう ］

シダーグリルを
板つきかまぼこで

材料（1人分）

- □ 板つきかまぼこ … 1個
- □ 粗びきこしょう … 適量
- □ スモークチップ … ふたつまみ

◉ こしょうの刺激と香りを堪能

かまぼこの和の味わいが、こしょうの刺激とスモーキーな香りでワイルドな味わいに変身。こしょうは粉よりも、粗びきこしょうがおすすめ。口の中でざらつく感じが野趣を高めてくれる。

作り方

1. かまぼこは5㎜幅に格子状に切り込みを入れる。粗びきこしょうをまんべんなく指ですり込む。

2. フライパンにアルミホイルを敷き、スモークチップを敷く。かまぼこを板つきのまま入れてふたをし、強火で数分加熱する。

3. 煙が出てきたら、弱火で5〜8分加熱して火から外す。ふたをしたまま5〜6分置き、さらに香りをつける。

> かまぼこは板つきのまま使用。グリルプレートとして活躍してもらう。以下 №33 までの燻製は空焚き可能なフライパンを使用する。

🕐 12 min

№ 28 / 29

板かまぼこの燻製

[柚子こしょう / 辛子明太子]

切れ目にたっぷり塗りつけて。
別格の味わいに

材料（1人分）

- □ **板つきかまぼこ** … 1個
- □ **柚子こしょう**（チューブ）… 3 cm
- □ または、**辛子明太子** … ⅓腹
- □ **スモークチップ** … ふたつまみ

◉ 煙と辛みのマリアージュ

柚子胡椒、辛子明太子は、切れ目の奥までたっぷり塗るのがいい。柚子胡椒は熱を加えると辛みがマイルドになるので、少し多いぐらいに。いつものかまぼこが別格の味わいに。

作り方

1. かまぼこは5 mm幅に格子状に切り込みを入れる。バターナイフで切り込みに柚子こしょう、または辛子明太子をまんべんなく塗り込む。

2. フライパンにアルミホイルを敷き、スモークチップを敷く。かまぼこを板つきのまま入れてふたをし、強火で数分加熱する。

3. 煙が出てきたら、弱火で5〜8分加熱して火から外す。ふたをしたままそのまま5〜6分置き、さらに香りをつける。

🕐 12 min

［柚子こしょう］

［辛子明太子］

№30

まつぼっくりの燻製

火をつけて放り込む。
山人たちの知恵

材料（1人分）

- □ まつぼっくり … 1個
- □ ミックスナッツ・ドライフルーツ・
  チョコレートなど … 適量

◉ 祖父直伝の燻製法

八ヶ岳山麓の実家の田んぼの脇に大き
な松の木があった。まつぼっくりが大
量に落ちていて祖父が火をつけ、鍋に
放り込んでいたのを思い出す。山人た
ちの知られざる燻製法。

作り方

1. フライパンにアルミカップを置いて、ナッツ
   やドライフルーツ、チョコレートを入れる。

2. まつぼっくりを焚き火にかざして火をつけ、
   燃え始めたらフライパンの空いた所に入
   れ、すぐにふたをして3〜5分燻す。
   香りを強くつけたい場合は、これを数回
   繰り返す。

> このレシピは、フライパ
> ン自体は火にかけないの
> で注意。

🕐 5 min

№ **31**

スモークチーズ

手間いらずなのに味わいは本格派

材料（1人分）

- □ 6Pチーズ … 1箱（6個）
- □ スモークチップ … 2〜3つまみ
- □ グラニュー糖 … ひとつまみ

◉ 6Pチーズが並ぶ姿も美しい

メーカーにより熱で溶けやすいものがある。「雪印」がおすすめ。丸いフライパンの中に6Pチーズはじつにきれいにおさまる。火を眺め、グラスを傾けなら味わってほしい。

作り方

1. チーズの銀紙を、底面だけ残してむく。風通しのよい日陰に置き、2〜3時間風乾させる。

2. フライパンにアルミホイルを敷き、スモークチップを敷きグラニュー糖をふる。フライパンの底面よりひと回りほど大きな丸い焼き網にチーズをのせてふたをし、煙が出るまで中火で加熱する。

3. 煙が出てきたら、弱火で3〜4分加熱して火から外す。ふたをしたままそのまま5〜6分置き、さらに香りをつける。

🕐 8 min

酒の肴としてこれ以上の存在はない

しめサバの燻製

材料（1人分）

□ **しめサバ** … ⅔サク
□ **スモークチップ** … 2〜3つまみ
□ **グラニュー糖** … ひとつまみ

◉ 刺身と燻製ふたつの味を

そのまま食べてもおいしいしめサバを
あえて燻製に。ふたをしたまま5〜6
分ほど置くと、さらに香りがよくつく。
フライパンに入り切らなかった部分は
もちろん刺身でどうぞ。

作り方

1. しめサバはペーパータオルで表面の水
   気を拭く。

2. フライパンにアルミホイルを敷き、スモー
   クチップを敷きグラニュー糖をふる。フラ
   イパンの底面よりひと回りほど大きな丸
   い焼き網にしめサバをのせてふたをし、
   煙が出るまで強火で加熱する。

3. 煙が出てきたら、弱火で6〜7分加熱し
   て火から外す。

🕐 **10** min

手軽だけど味わいは本格派！

サラダチキンの燻製

材料（1人分）

- □ **サラダチキン**（市販品）
  … 1袋（約100g）
- □ **スモークチップ** … 2〜3つまみ
- □ **グラニュー糖** … ひとつまみ

◉ キャンプの救世主

ここ数年、一気に市民権を得た感のあるサラダチキン。そのまま具材にも使え、キャンプの救世主かもしれない。ふたをしたまま5〜6分ほど置くと、さらに香りがよくつく。

作り方

1. サラダチキンは、ペーパータオルで水気を拭く。時間があれば風通しのよい日陰に置き、30分ほど風乾させる。

2. フライパンにアルミホイルを敷き、スモークチップを敷きグラニュー糖をふる。フライパンの底面よりひと回りほど大きな丸い焼き網にサラダチキンをのせてふたをし、煙が出るまで強火で加熱する。

3. 煙が出てきたら、途中で1回裏返しふたをし弱火で計10分加熱し火から外す。

🕐 10 min

丸ごとゴロゴロ焼いて味変！

たくあんの転がし焼き

材料（1人分）

- □ たくあん（市販品）… 10㎝
- □ サラダ油 … 適量
- □ 七味唐辛子 … 適量

◉ 山国の味をヒントに

漬物を焼くなんて！と思っている人も、まずやってみてほしい。山国では漬物を焼いたり煮たりするのは実はそれほど珍しくない。これは妻の実家で出合った味をヒントに生まれたレシピ。

作り方

1. たくあんはペーパータオルで水気を拭き、縦半分に切る。

2. フライパンにサラダ油を弱火で熱し、たくあんを入れる。転がしながら全体に焼き色がつくまで焼く。

3. 七味唐辛子をふって、粗熱が取れたら薄く切って食べる。

🕐 8 min

じゃこと桜えびのチーズチップス

材料（1人分）

- □ ピザ用チーズ … 適量
- □ 桜えび … 適量
- □ ちりめんじゃこ … 適量
- □ サラダ油 … 適量

◉ やみつき必至

じゃこと桜えびのうまみをカリカリチーズでとじこめたおやつにもつまみにも、リピート必至の品。鉄フライパンの場合は、焦げつきやすいのでアルミホイルを敷いて焼くと片づけがラク。

作り方

1. フライパンにサラダ油を弱火で熱し、フライパンの底面が隠れるくらいピザ用チーズを散らす。

2. チーズが溶けてふつふつしてきたら、桜えび、ちりめんじゃこを散らす。

3. チーズの水分がとび、縁に焼き色がついてパリパリしてきたら火から外す。

🕐 10 min

山の王道スナック

餅のサイコロ焼き

<u>材料（1人分）</u>

□ 切り餅 … 1個
□ サラダ油 … 適量
□ 塩 … 適量

◉ **よく乾燥させてから**

小分けの切り餅はキャンプの強い味方。
コツは焼く前によく乾燥させること。
可能ならば風通しのよいところに一晩
ほど置いてから調理する。乾燥が足り
ないとカリカリしない。

<u>作り方</u>

1. 切り餅は縦半分に切り、3mmの厚さに切
り、よく乾燥させておく。

2. フライパンに5mmの深さのサラダ油を入
れて弱火で熱し、餅を1個ずつ入れる。
ふくらんできたら、箸などで転がしなが
ら焼き色がつきカリッとするまで揚げる。

3. ペーパータオルにあけて油をきり、塩を
ふる。

> サラダ油で揚げる時、餅
> どうしがくっつくので、
> 割りながら食べるとよい。

🕒 5 min

はんぺんのバター醤油ソテー

材料（1人分）

- □ はんぺん（大）… 1枚
- □ バター … 適量
- □ しょうゆ … 小さじ1
- □ 七味唐辛子 … 適量

◉ 間違いない安定の味

はっきりいって間違いない味。日本人ならだれもが好きな王道のしょうゆ＆バター味。食べやすさ優先なら、サイコロ状に切って、コロコロ転がしながら焼いてもOK。

作り方

1. フライパンを中火で熱してバターを溶かし、はんぺんを入れる。フライ返しなどで軽く押しつけながら両面に焼き色がつくまで焼く。

2. しょうゆを回し入れてはんぺんを返し、全体に味をなじませ七味唐辛子をふる。

🕐 5 min

ESSAY ——— 高校生とフライパン

　高校2年の初夏、友人と二人で八ヶ岳にキャンプに行ったときのことです。キャンプ場近くの渓流で始めたばかりのフライフィッシングでマスを釣り上げ、焚き火にかざしたフライパンで焼きました。塩を振っただけなのに、今まで食べたことのないほどの美味しさに驚きました。一匹しか釣れなかったので友人とマスを分け合って夢中で食べました。焚き火に照らされた友人

の笑顔が今も忘れられません。

　焚き火で料理するとこんなにおいしくなるんだとびっくりしたことを思い出します。同時にフライパンってすごいなと思いました。今考えれば、料理もしたことのない高校生が作ったものが本当に美味しかったのかはかなり怪しいですが。焚き火はある意味で最高の調味料だったのかもしれません。

　高校生の僕にとってアウトドアの世界だ

けが唯一の居場所。学校では完全に目標を失い、成績は320人中、300番代まで急降下。けれどなんの焦りもなかったのも事実です。下校して寝るまでの間は自室の天井を見つめ、膨大な時間をやりすごしていました。そんな高校生にとって自然だけが本気で相手になってくれたのです。

幸運だったのは実家が八ヶ岳山麓にあったこと。数百円のバス代さえあれば簡単に登山口にアプローチできました。主峰赤岳を日帰りしたり、北八ヶ岳を彷徨ったり、時には勢いづいて山から家まで歩いて帰ってきたこともあります。山やキャンプは日常から逃げ出すのに実に気の利いた口実でした。

山に入るなら、フライパンさえあればどうにかなる、というのが高校生の僕が体験から学んだことのひとつです。

JUNK & RETORT FOOD

№ 38

ポテチのハッセルバック風

これを食べてから
ポテチ好きと言ってほしい

材料（1人分）

- □ ポテトチップ（お好みの味）… 30g
- □ ベーコン … 2枚
- □ にんにく … 1片
- □ ピザ用チーズ … 30g
- □ 水 … 大さじ2
- □ オリーブ油・パセリ（乾燥）
  … 各適量

◉ ポテチ料理の最高到達点

大げさでなく、自分史上最高のポテチ
料理の到達点と言っていい。アツアツ
のチーズがやさしくチップを包み込み、
ニンニクとベーコンのハーモニーが絶
妙で食べ始めたら止まらない。

作り方

1. ベーコンとにんにくはみじん切りにする。

2. フライパンにオリーブ油と1を入れて弱火
   で熱し、ベーコンがカリカリになるまで
   炒めたら取り出す。

3. フライパンに、ポテトチップをすき間なく
   敷き詰める。2で取り出したベーコン、に
   んにく、ピザ用チーズを散らす。

4. 水を加えてふたをし、2分ほど蒸し焼き
   にしたら最後にパセリをふる。

🕐 7 min

№ **39**

ポテチのタコガーリック

スペインバルの人気メニューを
ポテチで再現

材料（1人分）

- □ **ポテトチップ**（お好みの味）… 30g
- □ **蒸しダコ** … 50g
- □ **にんにく** … 1片
- □ **オリーブ油** … 適量
- □ **パセリ**（乾燥）… 適量

◉ にんにくとタコは鉄板

スペイン料理店の撮影で出会ったガリ
シア地方のバル料理の人気ニュー。に
んにくがタコと実によく合う。本当は
ジャガイモを使うが、ポテチを使って
無理やりその味を再現した。

作り方

1. タコは小さめの一口大に切る。にんにく
   は押しつぶす。

2. フライパンにオリーブ油、にんにくを入れ
   て弱火で熱し、香りが立ったらタコを加
   えて1〜2分炒める。

3. ポテトチップを加えてさっくり混ぜ、全体
   を温めパセリをふる。

🕐 5 min

[№]**40**

ポテチのコンビーフ炒め

おやつにもつまみにも、おかずにも

材料（1人分）

- □ **ポテトチップ**（お好みの味）… 30g
- □ **コンビーフ** … 50g
- □ **粗びきこしょう** … 適量

◉ 工場長のひと言から誕生

仕事でポテトチップス工場に撮影に行ったことがある。「じつは温めるとおいしいんです」と工場長が驚きのひと言。翌日、速攻でフライパンで炒めて作ってみた。アツアツが美味。

作り方

1. フライパンにコンビーフを入れて弱火で熱し、ほぐしながらパラパラになるまで炒める。

2. ポテトチップを入れて、さっくり混ぜながら炒める。ポテトチップが少ししんなりしたら粗びきこしょうをふる。

🕐 5 min

^{No}**41**

鍋焼きチキンラーメン

とりあえずすべて放り込めば完成

材料（1人分）

- □ **チキンラーメン®** … 1食分
- □ **水** … 300〜400㎖
- □ **卵黄** … 1個分
- □ **カット野菜**（市販品。あれば鍋用）
    … ⅓袋

◉ チキンラーメン礼賛

チキンラーメンのすぐれている点は別添えスープが必要ないこと。麺を放り込めば自動的にスープもできている。実に手軽ですばらしい。ズボラキャンパーには強い味方だ。

作り方

1. フライパンに水を入れて沸かし、野菜を入れて柔らかくなるまで中火で2分ほど煮る。

2. 野菜を端に寄せてチキンラーメンをのせ、真ん中に卵黄を落として1分煮る。

3. 麺をくずしながら卵黄をからめて食べる。

🕐 5 min

^{No}**42**

ファミチキラーメン

中学生男子を
キャンプに誘い出したいならこれ

材料（1人分）

- □ **インスタントラーメン**（何味でもOK）
  … 1 食分
- □ **ファミチキ®** … 1 個
- □ **にんにく** … 1 片
- □ **水** … 400〜500㎖
- □ **添付のスープ** … 1 食分
- □ **万能ねぎの小口切り** … 適量

◉ コンビニに寄ってGO！

子どもが焚き火に付き合ってくれない
時、特に食べ盛り男子には効果てきめ
んな鉄板レシピ。もちろん少年の心を
持った大人にも効く。コンビニに寄っ
てキャンプ場にGO！

作り方

1. にんにくを押しつぶす。

2. フライパンに水を沸騰させ、麺、にんに
   くを入れて表示の時間ゆでる。

3. 添付のスープを溶き入れて、食べやすく
   切ったファミチキ、万能ねぎをのせる。

🕐 8 min

№ 43

肉まんスープ

餡が溶け出して、
とろとろ中華風味に

材料（1人分）

□ **肉まん** … 1個
□ **カット野菜**（市販品。あれば鍋用）
　　　… ⅓袋

A | **水** … 300〜400㎖
　　しょうゆ・鶏ガラスープの素
　　　　　… 各小さじ1
□ **ごま油** … 適量

◉ **しっかり焼いて具材に**

肉まんを焼くことで具材に変身させて
しまう。焼くことで生地部分はスープ
に溶けにくくなり、歯ごたえあるもち
もち食感になる。餡部分はスープにと
ろとろ溶け出してさらに美味！

作り方

1. フライパンにごま油を弱火で熱し、肉ま
んを軽く押しつけながら両面に焼き色が
つくまで焼く。いったん取り出して、4等
分に切る。

2. フライパンに A を入れて煮立て、野菜を
加えて中火で1〜2分煮る。

3. 肉まんをもどし入れて1分ほど煮る。

🕐 6 min

[№]**44**

フランクフルトチーズカレー

ガツンといきたい時には
迷わずこれ

材料（1人分）

- □ フランクフルト … 1本
- □ レトルトカレー … 1食分
- □ ピザ用チーズ … ふたつかみ
- □ ローレル（あれば）… 1〜2枚
- □ バター … 適量
- □ 粗びきこしょう … 適量

◉ 皮目をパリッと

このレシピのポンイントはひとつ。フランクフルトの皮目をパリッと焼いてほしい。切れ目もできる限り均等に。料理に見た目は重要。そこさえクリアできれば、失敗しようがない。

作り方

1. フランクフルトに浅く切れ目を入れる。

2. フライパンにバターを弱火で熱し、フランクフルトを軽く焼き色がつくまで焼く。切り口が開いてきたら、いったん火から外す。

3. フライパンにカレー、ローレルを入れてふたをし、弱火で煮立て1〜2分煮る。途中で水分がとんだら水少々（分量外）を加える。

4. フランクフルトを戻し入れ、ピザ用チーズ、粗びきこしょうをふる。

🕐 6 min

炊飯が面倒な時はコンビニおにぎりで

ベビースターおにぎりカレー

材料（1人分）

- □ **レトルトカレー** … 1食分
- □ **おにぎり**（市販品。白飯でも）… 1個
- □ **ベビースターラーメン**® … 20g

◉ カリカリ麺がアクセント

キャンプでご飯を炊くのは気合がいる。
ならば、コンビニのおにぎりを使おう。
ベビースターラーメンはカリカリの状
態もいいが、ふやけた麺もおいしい。
絶対一度は試して！

作り方

1. おにぎりののりは1.5cm四方に切る（手で
揉んでもOK）。

2. フライパンにカレーを入れてふたをして弱
火で加熱する。煮立ったら真ん中におに
ぎりを入れて、1分ほど煮る。

3. ベビースターラーメン、のりをトッピングす
る。

🕒 5 min

牛肉は厚め、多めで。具が少ないとは言わせん

サイコロステーキカレー

材料（1人分）

- □ レトルトカレー … 1食分
- □ ステーキ用牛肉 … 1枚（約200g）
- □ 塩・粗びきこしょう・サラダ油
  … 各適量

◉ 燠火のままアツアツを

いわゆるビーフカレーではありません。もはや具ではなく、ステーキの隙間にカレーが入り込んでいる食べ物だとご理解ください。フライパンを燠火（おき）の上にのせたまま食べるのがおすすめ。

作り方

1. 牛肉は一口大に切り、塩、粗びきこしょうをふる。

2. フライパンにサラダ油を中火で熱し、牛肉を焼き色がつくまで焼く。

3. カレーを加えて2分ほど煮込み、最後に粗びきこしょうをふる。

🕐 8 min

キャンプで食パンはカレーの具になる

角切りパンチーズカレー

材料（1人分）

- □ **レトルトカレー** … 1食分
- □ **食パン**（6枚切り）… 1枚
- □ **チューブにんにく** … 適量
- □ **スライスチーズ**（溶けるタイプ）… 1枚

● 苦しまぎれだったけど

山ばかり登っていた学生時代、インスタント味噌汁の具にパンを入れてみた。苦しまぎれのアイデアだったけれど意外にも違和感はなかった。山でパンはある意味で具でもある。

作り方

1. 食パンを焚き火であぶり、両面に軽く焼き色をつける。両面ににんにくを塗り、食べやすい大きさに切る。

2. フライパンにカレーを入れて弱火で熱し、煮立ったら食パンを加える。食パンを1〜2回ひっくり返して、カレーとなじませる。

3. スライスチーズをのせて、とろりとするまで加熱する。

● 8 min

卵の混ぜ混ぜカレーライス

材料（1人分）

- □ レトルトカレー … 1食分
- □ ご飯 … 茶碗1杯分
- □ 卵 … 1個

● これは一種の炒め料理

ご飯一粒一粒をカレーでコーティングしていくイメージで。食べる時でなく、調理時に丁寧に「混ぜ混ぜ」していくところがこのレシピの最大のポイント。ご飯とカレーの炒め物だと思って。

作り方

1. フライパンにカレーを入れて弱火で加熱する。ご飯を加えて、カレーでご飯一粒ずつをコーティングするように手早く混ぜる。焦げないように注意。

2. 全体が温まったら、卵を割り入れて混ぜながら食べる。

> 卵をかためにしたい場合は、ふたをして数分蒸し焼きにする。ピザ用チーズを散らし、溶かしながら食べてもおいしい。

🕑 7 min

カレーに添えて。たくさん焼いて朝食にも

チャパティ

材料（1人分）

A | 薄力粉 … 100g
| サラダ油 … 小さじ½
| 塩 … 少々
□ 水 … 60〜70mℓ
□ 打ち粉 … 適量

● 白飯のかわりにしても

生地をのばすときにべたつくときは打ち粉をふるとよい。カレーに添えるほか、パン代わりにジャムをなどつけてもいい。ご飯を炊かずにチャパティをたくさん焼いて主食にも。

作り方

1. ボールにAを入れて混ぜ、水を数回にわけて加減を見ながら加え、よく混ぜて耳たぶくらいのかたさにまとめる。

2. ボールにラップをして15〜20分休ませ、3等分にする。打ち粉をふって2mmの厚さくらいまで麺棒で丸くのばす（手でもOK）。

3. フライパンに油はひかずに強火で熱し、2を1枚ずつ両面に焼き色がつくまで焼く。

● 8 min

ハンバーガーと
ポテトの無理やり焼き

材料（1人分）

- ハンバーガー … 1個
- フライドポテト（S）… 1袋
- サラダ油・ピザ用チーズ・ケチャップ
  … 各適量

◉ これもたぶん料理！？

ファストフード店で買ったハンバーガーとフライドポテトを焼くだけ（チーズとケッチャプは加える）。ナイフとフォークで切り分けながら、ステーキでも食べるように豪快に。

作り方

1. フライパンにサラダ油を弱火で熱し、ハンバーガーを上部を下にして入れる。フライ返しで軽く押しつけながら焼き色がつくまで焼く。

2. 1をひっくり返して、ハンバーガーの周りにフライドポテトを入れる。ピザ用チーズを散らしてふたをし、チーズが溶けてきたらケチャップをかける。

🕐 5 min

ESSAY —————— 清里キッチン

　普段、僕は大都会、つまり東京で仕事をしています。カメラマンという仕事柄、流行の先端に触れることも少なくありません。撮影機材が多いため、行き帰りは首都高で車をビュンビュン走らせています。はたから見れば、立派な都会人のようですが、時に強烈なアウェイ感を感じます。信州の山村で生まれ育ったからかもしれません。「山に帰りたい」。ビル群を見ながらそんな

言葉がふと頭をよぎることもあります。
　自分のなかで山の存在がどんどん大きくなったのは40代半ばをすぎたころでした。長くほこりをかぶっていた高校時代からの山道具が急に新鮮味を帯び、再び輝いて見え始めたのもこのころ。自分の感性や価値観が一周回って高校時代に再び戻ったような不思議な気持ちでした。十代の少年にどこか戻れるような懐かしさもありました。

　僕にとって山と言えば、幼いころから、そして今も八ヶ岳。その八ヶ岳山麓の一画に自分だけの森が欲しいと思ったのです。その思いは年を追うごとに大きくなっていき、南麓の清里の地に小さな森を手に入れました。最初は自力で小屋を建てるつもりでしたが、日々の仕事も忙しく、このままでは永遠に建てられないと思い、いくつかの選択肢から中古のキャンピングトレーラーを置くことにしました。

　料理は車載キッチンのほか、もちろん焚き火でもしています。僕と妻（フードコーディネーター）はそこを「清里キッチン」と名付け、森全体をダイニングキッチンだと考えています。同時に野外料理を実践するキッチンスタジオでもあります。自然を楽しみ、小鳥の声を聴きながら料理を作り、味わい、時々写真を撮っています。

№ 51-62

NOODLE, PASTA & RICE

№ 51

トムヤンクン風そうめん

赤唐辛子とハーブをたっぷり！

材料（1人分）

- □ そうめん … 50g
- □ むきエビ … 6～7尾
- □ ミニトマト … 3～4個
- □ マッシュルーム缶（スライス）… 1/3缶

A
- 水 … 250㎖
- トマトジュース（食塩不使用）… 100㎖
- チューブしょうが … 5㎝
- 鶏ガラスープの素 … 小さじ1

- □ 赤唐辛子の小口切り … 1本分
- □ ハーブ（パクチー、フェンネルなど）… 適量
- □ 塩 … 適量

作り方

1. ミニトマトは縦半分に切る。

2. フライパンにAを入れて沸騰させ、1、そうめん、むきエビ、マッシュルームを加えて、表示の時間通り煮る。

3. 最後に赤唐辛子とハーブ（写真はフェンネル）を散らす。塩で味を整える。

🕐 10 min

◉ 鮮やかな赤が緑に映える

そうめんをエスニック風に。茶系の色味が多くなりがちなキャンプ料理だが、鮮やかな赤が木々のなかのアウトドアシーンによく映える。ハーブの代わりに万能ネギを振ってもOK。

ポテチとにんにくのハーモニーを堪能

ジャーマンポテチラーメン

材料（1人分）

- □ **インスタントラーメン**（しょうゆ味）・
  添付のスープ … 1食分
- □ **ベーコン** … 1枚
- □ **にんにく** … 1片
- □ **ポテトチップ** … 適量
- □ **水** … 400〜500㎖
- □ **サラダ油・パセリ**（乾燥）… 各適量

◉ あと戻りできない味

キャンプでは、ポテトチップスはもはや具であると宣言する。もっと言えばスナック菓子は「傷みにくい食材」と心得る。この味を知ってしまったら、もうあと戻りはできない。

作り方

1. ベーコンは1㎝幅に切り、にんにくは薄切りにする。

2. フライパンにサラダ油を弱火で熱し、**1**を焼き色がつくまで炒めて取り出す。

3. フライパンに水を入れて沸騰させ、ラーメンを表示の時間ゆでる。添付のスープを溶き入れてポテトチップをのせ、**2**を散らしてパセリをふる。

🕐 6 min

のり風味にゅうめん

磯の香りがアクセント。深酒した翌朝にも

材料（1人分）

- □ そうめん … 70g
- □ 水 … 400㎖
- □ のりの佃煮（市販品）… 小さじ1
- □ 鶏ガラスープの素 … 小さじ¼
- □ ごま油 … 少々
- □ 万能ねぎの小口切り … 少々

◉ 磯の香りを投入

山の麺類といえばまずインスタントラーメンが王道。異論はないけれど、時にはそうめんが新鮮。さらに「ごはんですよ！®」を投入する。大胆だけどほっとできる味わいに仕上がる。

作り方

1. フライパンに水を入れて中火で熱し、沸騰したら、そうめん、のりの佃煮、鶏ガラスープの素、ごま油を入れて表示の時間通り煮る。

2. 万能ねぎを散らす。

🕐 5 min

ナンプラーを効かせてアジアンテイストに

エスニック風ラーメン

材料（1人分）

- □ **インスタントラーメン**（塩味）… 1食分
- □ **添付のスープ** … ⅓量
- □ **水** … 400〜500mℓ
- □ **ミニトマト** … 3個
- □ **レモン・クレソン** … 各適量
- □ **ナンプラー** … 小さじ1

◉ パクチーを添えても

塩ラーメンはクセがないのでアレンジ
しやすい。ナンプラーを使うことでこ
だわりの味に変身させる。より本場っ
ぽくしたい場合はクレソンの代わりに、
パクチーを添えるとよい。

作り方

1. フライパンに水を入れて中火で熱し、沸
騰したら麺を入れて表示の時間通りゆ
でる。

2. ミニトマト、レモンは薄切りにする。

3. 1に、添付のスープとナンプラーを加えて
混ぜ、2とクレソンを彩りよくのせる。

🕐 5 min

日田風焼きそば

材料（1人分）

- □ 焼きそば用蒸し麺 … 1食分
- □ 添付の粉ソース … 1食分
- □ キャベツ … 1〜2枚（一口大に切る）
- □ こしょう … 少々
- □ サラダ油 … 適量
- □ 水 … 大さじ2

● キャベツの食感をいかして

大分県の日田焼きそば、あるいは山口県の瓦そばのような食感。日田焼きそばはモヤシだが、キャベツの食感も捨てがたく、アレンジしてみた。濃いめの味がやっぱりおいしい。

作り方

1. フライパンにサラダ油を入れてキャベツを強火で炒め、こしょうを加えて和え、いったん取り出す。

2. フライパンをさっとふいてからサラダ油を入れ、中火にかけて蒸し麺を入れる。

3. フライ返しなどで麺を約2分間押し付け、片面をパリパリに焼き（写真下）、上面に添付の粉ソースをふり、水を加えて全体をほぐしながら炒め、**1**を加えて和える。

🕐 10 min

グリーンが目に鮮やかなささっとレシピ

コンビニサラダのグリーンパスタ

材料（1人分）

- □ **パスタ**（7分茹で用）… 80g
- □ **グリーンサラダ**（市販品）… 1食分
- □ **ドレッシング** … 1食分
- □ **水** … 250㎖
- □ **オリーブ油** … 小さじ1

◉ 別添ドレッシングも活用

フライパン料理で一番こぼれがちだけど、あるとうれしいのが生野菜のレシピ。いたみやすい食材も、道中のコンビニで買っていけば大丈夫。別添のドレッシングで味もきまる。

作り方

1. フライパンに水とオリーブ油を入れて中火で熱し、沸騰したらパスタを半分に折って入れて7分ゆでる。

2. 水分がほぼなくなったら、サラダを加えてさっくり混ぜドレッシングをかける。

> 写真は、青じそドレッシングを使用。

> オリーブオイルは麺同士のくっつき防止のため。なくてもOK。

🕐 **12** min

ペペロンチーノ

材料（1人分）

- □ **パスタ**（7分茹で用）… 80g
- □ **にんにく** … 1片
- □ **赤唐辛子** … 1本
- □ **水** … 250㎖
- □ **しょうゆ** … 小さじ1
- □ **オリーブ油・パセリ**（乾燥）… 各適量

◉ 茹で汁処理は不要

キャンプでパスタは躊躇するメニュー。パスタを茹でるのに大量のお湯が必要で、その処理にも悩む。しかし、このレシピ、それは必要ありません。茹で汁が蒸発したら即完成！

作り方

1. にんにくは押しつぶし、赤唐辛子は種を取る。

2. フライパンにオリーブ油とにんにくを入れて弱火で加熱する。香りが立ったら赤唐辛子を軽く炒め、赤唐辛子だけ取り出す。

3. 2に水を入れて沸騰させ、パスタを半分に折って加えて中火で7分ゆでる。水分がほぼなくなったら、しょうゆをたらして混ぜる。パセリをふって赤唐辛子をのせる。

🕐 12 min

№ 58

甘栗ご飯

手間をかけずに秋の味覚を堪能

材料（1人分）

- □ **米**（無洗米）… 1合
- □ **水** … 200㎖
- □ **甘栗のむき実**（市販品）… 35g
- □ **塩** … 小さじ½

◉ **掟破りでもいつもの味**

キャンプで山の幸を味わう。実に贅沢
だが相当な手間と時間がかかる。そ
こでコンビニで調達できる「甘栗むい
ちゃいました®」を使用。炊いてびっ
くり、そこにはいつもの栗ご飯。

作り方

1. フライパンに米と水を入れて、30分くら
   い浸水させる。

2. 塩を加えて混ぜ、栗を散らす。

3. ふたをしてを中火で熱し、沸騰したら弱
   火で5〜10分炊く。火から外して、その
   まま10分蒸らす。

🕐 12 min

白飯で物足りない時に、調味料がわりに投入

ベビースターラーメンご飯

材料（1人分）

- □ 米（無洗米）… 1合
- □ 水 … 200㎖
- □ ベビースターラーメン® … 20g
- □ めんつゆ（3倍濃縮タイプ）
  … 大さじ1
- □ 万能ねぎの小口切り … 適量

◉ おかずいらずの一品

ベビースターラーメンは、かやくと調味料を併せ持つ食材。これをまぶして炊けばブレのない味。雨に降られて余力がない時、これだけ炊けばとりあえずおかずはいらない。

作り方

1. フライパンに米、水、めんつゆを入れて30分くらい浸水させる。

2. ベビースターラーメンをふり入れて、ふたをして中火で加熱する。

3. 沸騰したら弱火で5〜10分炊き、水分がとんでチリチリしてきたら火から外す。そのまま10分蒸らして、万能ねぎを散らす。

🕐 12 min

極上きのこご飯を、味つけは素材まかせで

なめたけ炊き込みご飯

材料（1人分）

- □ 米（無洗米）… 1合
- □ 水 … 200㎖
- □ 味つきなめたけ（市販品）… 40g
- □ しょうゆ … 小さじ1

◉ なめたけの魅力、再発見

なめたけのオン・ザ・ライスはもちろんおいしい。が、一度炊き込みご飯にしてほしい。そこには知らないなめたけの魅力が存在している。学生時代にハマったレシピでもある。

作り方

1. フライパンに米、水を入れて30分くらい浸水させる。なめたけ、しょうゆを加えて混ぜる。

2. フライパンにふたをしてを中火で熱し、沸騰したら弱火で5～10分炊く。火から外して、そのまま10分蒸らす。

🕐 12 min

コンビニおにぎりをワンランク上に

鶏飯風スープ

材料（1人分）

- □ **サラダチキン**（市販品）
  … ½袋（約50g）
- □ **おにぎり**（市販品。梅干し味）… 1個
  水 … 250㎖
- **A** 鶏ガラスープの素・しょうゆ
  … 各小さじ1
- □ **貝割れ大根**…適量

◉ **のりは焚き火であぶる**

おにぎりの具はまずは梅を選んでほしい。ご飯を崩していくとしだいに梅の酸味がほのかに広がっていく進行形の味わい。のりは焚き火でさっとあぶってから入れるのがおすすめ。

作り方

1. サラダチキンは食べやすく裂く。おにぎりののりは細く切る（手で揉んでもOK）。

2. フライパンに A を入れて弱火で煮立て、真ん中におにぎりを、空いたところにチキンを入れる。

3. 2分ほど煮てチキンが浮いてきたら、貝割れ大根をのせてのりを散らす。

🕐 5 min

お揚げからの出汁がやさしい味を醸しだす

お稲荷さんの卵雑炊

<u>材料（1人分）</u>

- □ 稲荷寿司（市販品）… 3個
- □ 卵 … 1個
- □ お茶漬けの素 … 1袋
- □ 水 … 250㎖
- □ 万能ねぎの小口切り … 適量

● 稲荷ごと煮る発想

朝など温かいものが欲しい時、コンビ
ニで調達した稲荷寿司を雑炊にしてし
まう。お揚げからの出汁が染み出て失
敗なく味が決まる。中のご飯が漏れ出
てきても気にしないで。

<u>作り方</u>

1. フライパンにお茶漬けの素と水を入れて
混ぜ、稲荷寿司を入れる。

2. フライパンを弱火にかけて煮立て、2〜
3分煮たら溶き卵を回し入れて万能ね
ぎをふる。

🕐 5 min

フライパンでオーブン料理

上火と下火使いでダッチオーブンに。
レシピの幅が広がる焚き火料理術。

🕐 上火

下火 →

[上火＋下火で
フライパンオーブンのできあがり]

　焚き火でオーブン料理と言えば、スキレットやダッチオーブンがまず挙がるが、フライパンでも、ふた（空焚き可能な金属製のもの）を使うことで可能になる。スキレットと違ってオーブン専用のふたは売られていないのでフライパンのサイズに合ったものを探す。

　「下火」の熱源は通常の焚き火から、「上火」はふたの上に載せた熾火（炭

火）からになる。この時、「上火」は食材と直には接しず、輻射熱によって加熱されるのが特徴だ。ただ、そもそもフライパンはオーブン向けに作られていないので、僕自身も正直何度も失敗してきた。油断するとすぐに焦げてしまうのは否めないが、逆に上手く焼けた時は、ちょっとした感動がある。焚き火料理を楽しむアレンジのひとつとしてチャレンジしてみてほしい。

[食材が大きい時の
小ワザ]

　食材が大きくて上火のふたと直に接してしまう場合は、フライパンとの間に割り箸などを挟んで隙間を作る。空間が広がり全体に熱が回りやすくなる。隙間から食材が観察できるので焦げ防止の策にもなる。

[植木鉢で遠赤外線効果。
簡単ダッチオーブン]

　金属製のふたの代わりに素焼きの植木鉢を載せる。利点はふたよりも調理空間が大きくとれること。中の様子が確認できないのが難点だが、遠赤外線効果で食材をよりおいしくしてくれる（はず）。目下、研究中の調理法だ。

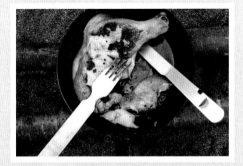

フライパンオーブンでつくる
ローストチキン
RECIPE → P126

オーブン調理には空焚き
可能なフライパンを使用
する（P7参照）。

№**63**

ローストチキン

きれいな焼き目がついたら、
じっくりワインと

材料（1人分）

- □ 骨つき鶏もも肉 … 1本
- A しょうゆ・酒 … 各大さじ1
  砂糖 … 大さじ½
  チューブにんにく・
  チューブしょうが … 各3㎝
- □ サラダ油 … 適量

◉ 失敗を恐れずに挑戦！

焚き火フライパン料理のひとつの到達
点でもある特別メニュー。きれいな焼
き目がついた時はほれぼれする。ただ
焦げてしまうことも多々で緊張感が必
要。骨付き肉でやってみて。

作り方

1. 鶏肉をフォークで数カ所刺し、ビニール
   袋に入れる。Aを加えて30分ほど味を
   なじませる。

2. フライパンにサラダ油をひき、1を入れて
   ふたをして下火、上火で焼き目がつくま
   でしっかり焼く。下火、上火の比率は3：
   7が目安。

> 家でタレに仕込み、ビ
> ニール袋に入れたまま運
> ぶと手間がない。

🕐 40 min

ᴺº **64**

パングラタン

クラムチャウダースープで
アツアツグラタン

材料（1人分）

- **クラムチャウダースープ**
  （市販品。濃縮タイプ）
  … 1缶（150㎖）
- **シーフードミックス** … 100g
- **牛乳** … 100㎖
- **バゲット** … 適量
- **ピザ用チーズ** … 50g
- **オリーブ油・塩・こしょう**
  … 各適量

◉ 難易度、達成感高し

正直、難易度はやや高いレシピだが、
その先には大きな達成感が待っている。
最初に作った時は、「山でアツアツのグ
ラタンが食べられるなんて」とひとり
感動した思い出の一品。

作り方

1. フライパンにオリーブ油を中火で熱して
   シーフードミックスを軽く炒め、塩、こ
   しょうをふる。

2. クラムチャウダー、牛乳を加えて混ぜ、
   ひと煮立ちさせる。

3. バゲットは2〜3㎝角に切り、ピザ用
   チーズとともに2に加える。ふたをして下
   火と上火で焼き目がつくまで焼く。下火
   と上火の比率は3：7が目安。

🕐 18 min

№ 65

クラッカーピザ

生地の代わりにして、トッピングのみ

材料（1人分）

- **クラッカー**（シンプルなもの）
  … 5〜6枚
- **ピーマン** … 1個
- **ミニトマト** … 1〜2個
- **ピザ用ソース・ピザ用チーズ**
  … 各適量

◉ 15時かお酒が進む20時に

野外でピザを作る時に直面するのが「生地をどうするか問題」。とりあえずクラッカーを使えばあとはトッピングするだけ。小腹がすいた15時、あるいはお酒の進む20時に作って。

作り方

1. ピーマンとミニトマトは薄切りにする。

2. フライパンにクラッカーを並べてピザ用ソースを塗る。ピザ用チーズを散らし、1をのせてふたをする。

3. フライパンを熾火で上火と下火で加熱する。時々ふたを外して様子を見て、チーズが溶けてクラッカーに焼き色がつくまで焼く。下火と上火の比率は1：9が目安。

🕐 8 min

№66

バウムクーヘンの
キャラメリゼ

時にはちょっと洒落た山スイーツを

材料（1人分）

- バウムクーヘン（市販品）… 適量
- グラニュー糖 … 適量

◉ 一瞬のタイミング！

コンビニ・バウムクーヘンが大変身。グラニュー糖がいい塩梅でキャラメリゼするのは一瞬のタイミング。それを逃すとすぐに焦げてしまうのでふたを取って何度もチェックして。

作り方

1. フライパンにアルミホイルを敷き、バウムクーヘンを入れる。大きい場合は適当な大きさに切り、表面にたっぷりグラニュー糖をふってふたをする。

2. フライパンを熾火で上火と下火で加熱する。焼き色がつくまで焼く。下火と上火の比率は1：9が目安。

🕐 5〜10 min

BREAKFAST & SWEETS

№ 67

厚切りベーコンステーキ

ワイルドに!
ゴージャスに!

材料（1人分）

- □ ベーコン（厚切り）… 1枚
- □ にんにくの薄切り … 1片分
- □ サラダ油・クレソン … 各適量

◉ 厚さは1cm以上で!

ベーコンは生肉よりも傷みにくいので、キャンプ向きの食材。できれば豪勢に厚さ1cm以上のものを使いたい。焚き火の煙に燻されながら、時にはウエスタン・スタイルを楽しもう。

作り方

1. フライパンにサラダ油を中火で熱し、ベーコンを両面こんがりと焼く。7割ほど焼けたら、フライパンの空いた所にサラダ油少々を足し、にんにくを炒める。

2. ベーコンとにんにくが焼けたらにんにくをオイルごとベーコンにのせ、クレソンを添える。

🕐 6 min

^{No}**68**

スウェーデン風
ベーコンエッグポテト

素朴だけど味わい深い
思い出のレシピ

材料（1人分）

- □ じゃがいも … 1個
- □ ベーコン（ブロック）… 50g
- □ 卵 … 1個
- □ サラダ油 … 適量
- □ 塩 … 少々

◉ 北欧で出会った味

ストックホルムの下町のレストランで
出会った味。初めての料理なのにどこ
か懐かしさを感じた。素朴だけどじつ
に味わい深く、帰国後、何度キャンプ
で作ったかわからない。

作り方

1. じゃがいも、ベーコンは1cm角に切る。

2. フライパンにサラダ油を中火で熱して、
1を入れて火が通るまで炒める。塩を
ふってさっと混ぜ、卵を割り入れる。

🕐 **10** min

トロトロ黄身をキャベツにからめて

巣ごもり卵

材料（1人分）

- □ **キャベツ** … 1〜2枚
- □ **ハム** … 2枚
- □ **卵** … 1個
- □ **サラダ油** … 適量
- □ **水** … 大さじ1
- □ **塩・粗びきこしょう** … 各少々

◉ 卵と一緒に野菜もとれる

家庭料理ではおなじみの巣ごもり卵は、キャンプでも大活躍。温野菜で野菜も一緒にたっぷりとれて、ほかにサラダを作る手間も食器も必要もない。忙しい朝ごはんに。子どもにも人気。

作り方

1. キャベツは細切りにし、ハムは1cm幅に切る。

2. フライパンにサラダ油を中火で熱し、**1**を入れて塩をふりさっと炒める。真ん中にくぼみを作り、卵を割り入れて水をふる。

3. ふたをして1〜2分蒸し焼きにし、粗びきこしょうをふる。

🕐 6 min

満月のような黄身を保証

こだわりの目玉焼き

材料（1人分）

- □ 卵 … 2個
- □ サラダ油 … 適量
- □ 塩・粗びきこしょう … 各適量

◉ 最も美しいたたずまいに

フライパン料理は目玉焼きに始まり、目玉焼きに終わるといってもいい。撮影の際に黄身をいかに美しく撮るかにこだわって考えたワザ。これで最も美しいたたずまいになる。

作り方

1. 卵は割り、それぞれ白身と黄身をわける。

2. フライパンにサラダ油を弱火で熱し、白身を入れて、かたまるまで焼く。

3. 黄身を白身の上に静かにのせて、塩、粗びきこしょうをふる。

［ 塩は岩塩がおすすめ。］　🕐 7 min

ソテーしたトマトの甘さを卵が包む

焼きトマトのスクランブルエッグ

材料（1人分）

- □ トマト … ⅓個
- **A** 卵 … 1個
  マヨネーズ … 小さじ1
- □ 塩 … 少々
- □ オリーブ油 … 適量

◉ スピード感が重要

この料理のクライマックスは溶き卵を入れる瞬間。素早く一瞬で勝負しなければならない。2分後には食べている自分をイメージして手を動かそう。考えるな、感じろ！

作り方

1. トマトは1cmの厚さの輪切りにして、塩をふる。

2. フライパンにオリーブ油を中火で熱し、トマトを両面に焼き色がつくまで焼く。

3. 火を弱めて、溶きほぐしたAを流し入れて大きく混ぜ、1〜2分焼く。

🕐 4 min

キャンプの定番を美しく焼く

ハムエッグバゲット添え

材料（1人分）

- ハム … 2枚
- 卵 … 1個
- バゲット … 適量
- サラダ油・粗びきこしょう … 各適量

◉ 白身はハムの下へ

写真を見ると、まず目玉焼きを焼き、上にハムをのせたように見えるが、実は違う。やや多めの油でハムを先に焼き、中心に卵を落とすと、するりと白身がハムの下に入り込む裏技。

作り方

1. ハムは半分に切る。

2. フライパンにやや多めのサラダ油を弱火で熱し、ハムを真ん中を空けた井形に置き1分ほど焼く。

3. ハムの真ん中に卵を割り入れる。卵白がハムの下に潜り込んだら、好みのかたさに焼く。

4. バゲットをたき火でトーストして添え、粗びきこしょうをふる。

⏱ 6 min

キャンプの朝は羊飼いの少年のような気分で

ミューズリーとりんごの
ミルクがゆ

材料（1人分）

- □ りんご … ⅛個
- □ ミューズリー … 50g
- □ 牛乳 … 100㎖
- □ はちみつ … 適量

◉ アウトドアの達人に学ぶ

ミューズリーはスイス山中の羊飼いの間で食べられていた食材と言われ、携帯性、保存性にもすぐれている。アウトドアライフの達人、羊飼いに敬意をはらいキャンプレシピに導入。

作り方

1. りんごは薄いくし形切りにする。

2. フライパンにミューズリーを入れて、中火で2〜3分乾煎りする。火から外して少し冷まし、牛乳を加える。

3. フライパンを中火にかけてひと煮立ちさせ、りんごをのせてはちみつをかける。

> ミューズリーとは、オーツ麦などの穀物にナッツやドライフルーツをミックスしたもので、加熱されていないのが特徴。

🕐 5 min

好きな具でアレンジを楽しんで

ツナマヨホットサンド

材料（1人分）

- □ **食パン**（6枚切り）… 2枚
- □ **ツナ缶** … 小1缶（70g）
- □ **マヨネーズ** … 適量

◉ 具のバリエは多彩

ホットサンドメーカーがなくても、アルミホイルを使えば簡単にホットサンドができる。ツナマヨのほかスライスチーズや焼き鳥缶で照り焼き風など好きな具をあれこれ挟んでみて。

作り方

1. ツナ缶はオイルを捨て、缶の中でマヨネーズと混ぜる。

2. 食パン1枚に1をのせて、もう1枚の食パンではさむ。アルミホイルでしっかり包む。パンが大きい場合は半分に切り、2回に分けて焼く。

3. フライパンに油をひかずに2をのせて中火で熱し、フライ返しなどで軽く押しつけながら、両面に軽く焼き色がつくまで焼く。

🕐 8 min

No75

バナナのおしるこ

トロッと溶けるバナナの食感が魅惑的

材料（1人分）

- □ バナナ … ⅔本
- □ あずき缶 … 100g
- □ 水 … 50㎖

◉ 盤石の布陣

バナナは加熱することでびっくりするほど甘くなる。そこにおなじみ和風スイーツの王者・あずき缶が加わればまさに盤石の布陣となる。バナナは煮ても焼いても活躍してくれる。

作り方

1. バナナは1㎝の厚さに切る。

2. フライパンにあずき缶、水を入れて弱火で煮立て、混ぜながら1～2分煮る。バナナを加えて2分ほど温める。

🕐 5 min

№ 76

焼きりんご

*カラメルとシナモンの香りで
甘いひと時を*

材料（1人分）

- □ りんご … ½個
- □ バター … 15g
- □ グラニュー糖 … 大さじ1
- □ はちみつ … 小さじ1
- □ シナモンパウダー … 適量

◉ 乙女のような気持ちで

焼きりんごを作る時は乙女心が必要。
肉を焼くようなワイルド感では失敗す
る。火加減には細心の注意を払って、
グラニュー糖があめ色になっていく様
子とひとり静かに向き合おう。

作り方

1. りんごは皮つきのまま1㎝の厚さのくし形切りにする。

2. フライパンにバター10gを中火で熱し、りんごを並べ入れる。片面に焼き色がついたら、グラニュー糖半量をふる。ひっくり返して残りのバターを加えて弱火で焼き、焼き色が薄くついたら残りのグラニュー糖とはちみつを入れる。

3. シナモンパウダーをふる。

🕐 12 min

いつものだんごが磯の香りでバージョンアップ

みたらしだんごの磯辺焼き

材料（1人分）

- □ みたらしだんご（市販品）… 3本
- □ 焼きのり … 適量
- □ ちりめんじゃこ・かつお節 … 各適量
- □ サラダ油 … 適量

● みたらしが両者を結ぶ

コンビニでも買えるだんごを、のり、ちりめんじゃこ、かつお節というメンバーがやさしく包み込み、タレが団子と潮の香りの両者をギュッと結びつける。小腹が空いた時にどうぞ。

作り方

1. 焼きのりはだんごの長さに合わせて長方形に切り、だんごの下側半分に巻く。だんごに、ちりめんじゃことかつお節をふる。

2. フライパンにサラダ油を弱火で熱し、だんごを焼きのりごと入れる。だんごをときどき回転させながら、全体に焼き色がつくまで焼く。

🕐 **10** min

カレーポップコーン

材料（1人分）

- □ **ポップコーン用のコーン** … 適量
- **A** **顆粒コンソメの素** … 小さじ1
  カレー粉 … 小さじ½
- □ **オリーブ油** … 大さじ2
- □ **塩** … 少々

◉ **小腹が空いた時の強い味方**

ポップコーンの種は携帯性、保存性が抜群にいい。お守り代わりにバッグの中に忍ばせておけば、思いついた時にいつでも作れる。小腹が空いた時の強い味方になってくれる。

作り方

1. フライパンに、コーンが重ならないように底面の半分を覆うくらい入れる。オリーブ油をコーン全体をコーティングするように入れ、塩をふる。

2. ふたをして中火にかけ、ゆすりながら加熱する。少しすると、コーンがはじける音がするので、音が落ち着いたら火から外す。

3. **A** をふり、よく混ぜる。

🕐 8 min

焚き火は、煙さえ贅沢な調味料に

バゲットの焚き火トースト

材料（1人分）

□ バゲット … 適量
□ バター … 適量

◉ これは極上のトースト

焚き火の煙を調味料にしたトーストには、どんな高級トースターもかなわない。バターをのせて炎にかざしてあぶるだけだが、なんとも味わい深い。煙に燻されたスモーキーな逸品だ。

作り方

1. バゲットは 1.5〜2 cmの厚さに切る。

2. ロストルにバゲットをのせて、熾火で両面に焼き色がつくまで焼く。バターをのせて食べる。

🕐 3 min

焼きバナナ&チョコ

材料（3人分）

- □ バナナ … 3本
- □ 板チョコレート … ½枚

◉ 皮が焦げるぐらいでOK

バナナの皮が優秀な蒸し器の役割を果たし、果肉をしっかり蒸し焼きにしてくれる。皮が焦げても気にしてなくてOK。大胆にいってほしい。溶けてくるチョコレートがたまらない。

作り方

1. バナナの側面に浅く切り込みを入れて、一口大に割ったチョコレートを差し込む。

2. ロストルにバナナをのせて、熾火でじっくりチョコレートが溶けるまで焼く。

🕐 8 min

森に漂うハーブの香り

ハーブを火で燻すとほのかに香りが立つ。
ときにはひとり静かに楽しむのもわるくない。
ヨーロッパでは魔女が妖怪を呼び出すのに
フェンネルを火にかざす言い伝えがある。
そう思うと、どこかミステリアスな香りでもある。

スモーキーな最高の一杯を

フライパンに生豆100gを入れて、
中火で気長にひたすら乾煎りする。
焼きむら防止にためときどきへらなどでかき回し、
チャフ（燃え殻）が出てきたら息をかけて吹き飛ばす。
多少の焼きむらが出ても気にしない。
ハンドミルで挽いてドリップすれば、
ちょっとスモーキーな最高の一杯が完成する。

EPILOGUE

　どんなに最新のキャンピングストーブも焚き火にはかなわないと思います。焚き火にはやはり格別の味わいがあります。キャンパーたちは炎の先に愛だとか夢だとか、目に見えないけれど、大切なものを見つめているのだと僕は思います。焚き火の炎は人に前向きなエネルギーを与えてくれます。

　そんな人にやさしい熱源で作った料理がおいしくないわけがありません。焚き火はひとつの魔法だと思います。多少の失敗も思い出になります。「あれっ焦げちゃった」と慌てることがあっても、それはそれでキャンプのいい思い出。むしろ、一生忘れられない味になるかもしれません。失敗も笑って食べられるのが焚き火料理の懐の深さです。キャンプ料理にはプロもアマチュアもありません。毎日焚き火だけで料理を作っているプロの料理家はいないのですから。焚き火の前ではみんな平等、同じキャンパーのひとりです。世界で一番ピースフルな料理は、焚き火の上のフライパンの中にあるのかもしれない。

　この本が焚き火料理を楽しむ一助になれば幸いです。

小林キユウ

今日も、焚き火とフライパンがあれば

料理・写真・文

小林キユウ

Kobayashi Kiyu

長野県茅野市生まれ。料理カメラマン。下町グルメから三ツ星レストランまで一万数千皿を撮影した経験を生かし、レンズを通して得た料理のエッセンスをフライパンに全力投入している。アウトドアライフ歴は35年。13歳で登った八ヶ岳の赤岳で山に目覚め、高校時代にフライフィッシング、バックパッキングを始め、大学時代は山岳サークルに所属。日本アルプスや離島等を歩きまわる。ここ数年は八ヶ岳山麓の森にキャンピングトレーラーを引き込み、都会から週末ごとに通うデュアルライフを実践中。著書に「ふらいぱんコバQ」名義で『フライパンひとつで作る！速攻レシピ101』（ナツメ社刊）などがある。

インスタグラム　@frypan_sara
ブログ　yatsugatake-weekender.localinfo.jp

ブックデザイン
中村圭介
堀内宏臣・野澤香枝
（ナカムラグラフ）

レシピ協力：渡辺ゆき

編集
大武美緒子
五十嵐雅人（山と溪谷社）

焚き火とフライパン 80 FRYPAN CAMP RECIPES

2021年6月5日
初版第1刷発行

著者：小林キユウ

発行人：川崎深雪

発行所：株式会社山と溪谷社
〒101-0051　東京都千代田区
神田神保町1丁目105番地
https://www.yamakei.co.jp/

印刷・製本：株式会社光邦

［乱丁・落丁のお問合せ先］
山と溪谷社自動応答サービス
TEL: 03-6837-5018
受付時間／10:00〜12:00
13:00〜17:30（土日・祝日を除く）

［内容に関するお問合せ先］
山と溪谷社
TEL: 03-6744-1900（代表）

［書店・取次様からのお問合せ先］
山と溪谷社受注センター
TEL: 03-6744-1919
FAX: 03-6744-1927